*I. Umschlagseite: Urschalling, Fresko der Stammeltern (um 1200)*

Die Jakobuskirche zu Urschalling am Chiemsee ist als eine der wenigen romanischen Dorfkirchen stilrein erhalten geblieben. Am baulichen Anfang steht ein Wehrturm aus der Zeit um 1170, dessen Erdgeschoß den nüchternen westlichen Teil der Kirche ausmacht. Der Hauptteil mit den beiden quadratischen Jochen und der halbrunden Apsis entstand vermutlich um 1200. Wände und Gewölbe schmückt ein einheitlicher Freskenzyklus aus dem späten 14. Jahrhundert. Von der Ausmalung aus der Erbauungszeit der Kirche kann am besten das Fresko mit den Stammeltern eine Vorstellung vermitteln. Das Bild scheint nicht als bloße Illustration zur Schöpfungsgeschichte gedacht zu sein. Es fehlt jede genießende Lust am Erzählen, die drei Farben sind unaustauschbar an die elementare zeichnerische Form gebunden. Man kann von der derb scheinenden Darstellung befremdet sein, doch hüten wir uns, vom beschränkten Aufgebot der formalen Mittel wertend auf das Werk zu schließen! Unterm Paradiesbaum stehend, werden Adam und Eva vom Urteil Gottes getroffen. Spiegelgleich wachsen die Äste aus dem säulenhaften Stamm. Beziehungsvoll neigen sie ihr Gezweig, durch dessen dreifache Dreiheit Er spricht. Daneben ist kaum zu übersehen, daß dem gleichermaßen lebendigen wie unbotanischen Baum die Kreuzform innewohnt. Geschlagen sinken die beiden Gestalten in die Knie. Deutlich fühlbar, durch die Form des Feigenblattes noch verstärkt, läuft ein Druck vom Kopf über den halb angewinkelten Arm zur Erde ab. Mit der alltäglichen Gebärde der Betroffenheit wird zugleich das Ohr den Worten der Schlange verschlossen. Es ist müßig, den Gesichtsausdruck nach dem seelischen Zustand befragen zu wollen. Er ist nach außen übertragen und hat sich dem Betrachter längst mitgeteilt. Wer wäre imstande gewesen, die pochende Unruhe der nie endenden Punktreihen nicht anzunehmen? Merkwürdigerweise ist diesen nackten, frierenden, in tiefste Trauer geworfenen Gestalten eine Hoheit eigen, die aber offensichtlich nicht aus ihnen kommt. Die halbrund gebogenen Äste umfangen die Häupter ähnlich Nimbenscheiben. Schaudernde Seelennot und erlösende Begnadung reflektiert dieses Menschenbild.

Mit welcher Kraft Salzburg im Mittelalter als geistliche und kulturelle Metropole strahlte, zeigen gleichnishaft seine Dombauten. Unter dem irischen Abtbischof Virgil entstand zwischen 767 und 774 eine dreischiffige frühkarolingische Anlage, mit 33 m Breite und 66 m Gesamtlänge einer der größten Kirchenbauten nördlich der Alpen. Viele Eigentümlichkeiten weisen auf lombardische Vorbilder: Ausdruck der fruchtbringenden politischen Verbindung Bayerns mit dem Langobardenreich. 1127 war das gewaltige Unternehmen abgeschlossen. Das Innere war mit Fresken ausgestattet, die von Zeitgenossen über alles gepriesen wurden. »In diesem verlorengegangenen Werk, das eine weitreichende Wirkung geübt hat, müssen wir den eigentlichen Sammelpunkt und den Strahlungsherd der romanisch-alpenländischen Malerei sehen. Hier kam es zu einer entscheidenden Auseinandersetzung von byzantinischer Tradition mit jener neuen, vom Geiste der Reform erfüllten Kunstströmung der Hirsauer. In den machtvollen Prophetenfiguren in der Westvorhalle der Nonnbergkirche in Salzburg (1150–1160) ist ein Abglanz dieser großen Blüte der Malerei unter Konrad I. erhalten geblieben«, schreibt H. Schindler. Nach mehreren Dombränden ging Erzbischof Konrad III. von Wittelsbach im letzten Viertel des 12. Jahrhunderts an einen grundlegenden Neubau. Die kolorierte Federzeichnung aus dem Jahre 1553 im Besitz des Erzstifts St. Peter schildert mit großer Treue das mittelalterliche Stadtbild, das von der Festung und vom spätromanischen fünfschiffigen Dom bestimmt wurde. Das einschiffige Chorhaus endete in einer Apsis, das Querhaus war ebenfalls mit Apsiden besetzt. Sieben Joche maß das Langhaus. Unter dem Chor und der Vierung befand sich eine dreischiffige Hallenkrypta. Die Westseite wurde von zwei Türmen mit quadratischem Grundriß flankiert. Die beiden Rundtürme an den Seiten des Querhauses enthielten den Aufgang zur Empore über den inneren Seitenschiffen. Dazu trat ein achtseitiger Vierungsturm mit geschweiftem Zeltdach. Gewaltig waren die Ausmaße dieser Gottesburg. Die Länge des Domes betrug 122 m, die Breite des Langhauses 48 m, die Länge des Querhauses 57,5 m.

*Salzburg, romanischer Dom (12. Jh.)* 2

Im 8. Jahrhundert gründete der Bayernherzog Tassilo III. »auf der Aue« ein Kloster, wahrscheinlich nach der Regel des hl. Benedikt. Wenn die Insellage geistige Sammlung ausdrückte, dann ließ die das Seeufer berührende Reichsstraße Salzburg–Augsburg und der Norden und Süden verbindende Weg des nahen Inn zugleich auch etwas von benediktinischer Weltoffenheit ahnen. Das Frauenkloster überlebte die Ungarnstürme im frühen 10. Jahrhundert. Den ältesten Teil der baugeschichtlich hochbedeutsamen Klosteranlage bilden die karolingische Torhalle, der freistehende achteckige Turm und das dreischiffige Münster. Das Portal an der Nordseite entstand um 1160–1180; sein Tympanon ist aber älter und stammt aus karolingischer Zeit. Verglichen mit der Formensprache des Gewändes wirkt das Relief des Bogenfeldes ziemlich roh. Wahrscheinlich weisen die Pflanzenmotive mahnend und verheißend auf den Paradiesgarten. Die Pforte scheidet und verbindet nicht nur außen und innen, sie ist auch eine Marke zwischen Vergangenem und Zukünftigem, Zeitlichem und Ewigem, zwischen Dunkel und Herrlichkeit, Sünde und Erlösung. Die Darstellung des Bogenfeldes ist nach außen wie nach innen gerichtet, es besitzt keine Kehrseite: Ein beredtes Zeugnis, wie selbst primitives Handwerk mit der Schärfe des Geistes tote Materie klingen machen kann. Außerhalb der Kirche, auf und unter den Säulen blecken die Dämonen – in einer Weise gebannt, die an die Malefikanten erinnert, die als grausige Mahnfinger über der mittelalterlichen Freistatt baumelten, um zwielichtiges Gesindel noch vor den Toren zur Umkehr zu bewegen. – Die Fresken an den Bogenlaibungen des Presbyteriums entstanden um 1140. Dank ihres gut erhaltenen Zustandes können sie über die Maltechnik und Farbkultur der zeitgenössischen Salzburger Schule viel aussagen. Sicher, der Frauenchiemseer Künstler hat die bestmögliche Ausbildung genossen, die geballte Kraft der Urschallinger Fresken erreicht sein Werk aber nicht. Nicht allgemein zugänglich sind die Fresken oberhalb des gotischen Gewölbes: ein Höhepunkt der Salzburger Wandmalerei des frühen 12. Jahrhunderts. Kopien dieser Fresken sind nun im Torhaus ausgestellt.

*Frauenchiemsee, Portal am Münster*

4

*Petersberg, Widder am Portal der Kirche (um 1200)*

Die ehemalige Burg Falkenstein bei Flintsbach am Inn war im Hochmittelalter Sitz des mächtigen Chiemgaugrafengeschlechts gleichen Namens. Zu Anfang des 12. Jahrhunderts stiftete Sigboto I. auf dem kleinen Madron, oberhalb seiner Burg, eine Klosterzelle, die von Bischof Otto von Freising 1139 dem Apostel Petrus geweiht wurde. Die Legende weiß von früheren Gründungen und bringt den Salzburger Bischof Vitalis im 9. und drei Wessobrunner Mönche im 10. Jahrhundert mit Petersberg in Verbindung. 1163 übereignete Graf Sigboto II. die Zelle dem Hochstift Freising. Ihr war keine glanzvolle Entwicklung beschieden, sie wuchs nie zur Abtei. 1296 wurde sie zerstört und aufgegeben; bis 1803 war Petersberg Freisinger Titularpropstei. Dafür blühte die Kirche als bayerisch-tirolische Wallfahrtsstätte. Der eher schlichte, einer Dorfkirche ähnliche Baukörper ruht sinnreich auf der felsigen Gipfelkuppe und ist genau nach Osten ausgerichtet. Das einschiffige Langhaus und der Altarraum bilden im Grundriß ein Rechteck; eine Apsis ist nicht ausgebildet. Die Sebastianskapelle auf der Südseite wurde im 14. Jahrhundert angebaut. Der Kirchenraum entstand im 12. Jahrhundert, der nordseitig angefügte Turm mit Satteldach wurde erst im 13. Jahrhundert errichtet. Im Giebel der Westfassade ist ein etwa ein Meter hohes Flachrelief eingelassen, das aus vier Sandsteinplatten besteht, eine salzburgische Arbeit aus der Zeit um 1200. Dargestellt ist der Kirchenpatron, mit einer Tunika bekleidet und auf einem Stuhl mit gedrehten Holmen sitzend; die Linke hält die Schlüssel, die Rechte ist segnend erhoben. Das rundbogige Hauptportal an der Westseite, um 1200 entstanden, besitzt kein Tympanon. Die lichten Maße der Türöffnung betragen nur 95 und 220 cm, doch vermißt man die gewohnte monumentale Wirkung romanischer Portale nicht. Die Laibung vertieft sich in drei Rücksprüngen, von welchen der innere mit einer Säule ausgesetzt ist. An der Basis des äußeren ist links ein halber Widder und rechts ein halber Bär zu sehen. Beide Tiere sind seit Urzeiten Herrschaftssymbole, hier wachen sie gleichsam als Herolde Christi. Eine eingehende Betrachtung verdient der Relief- 6

# Zwischen Inn und Salzach

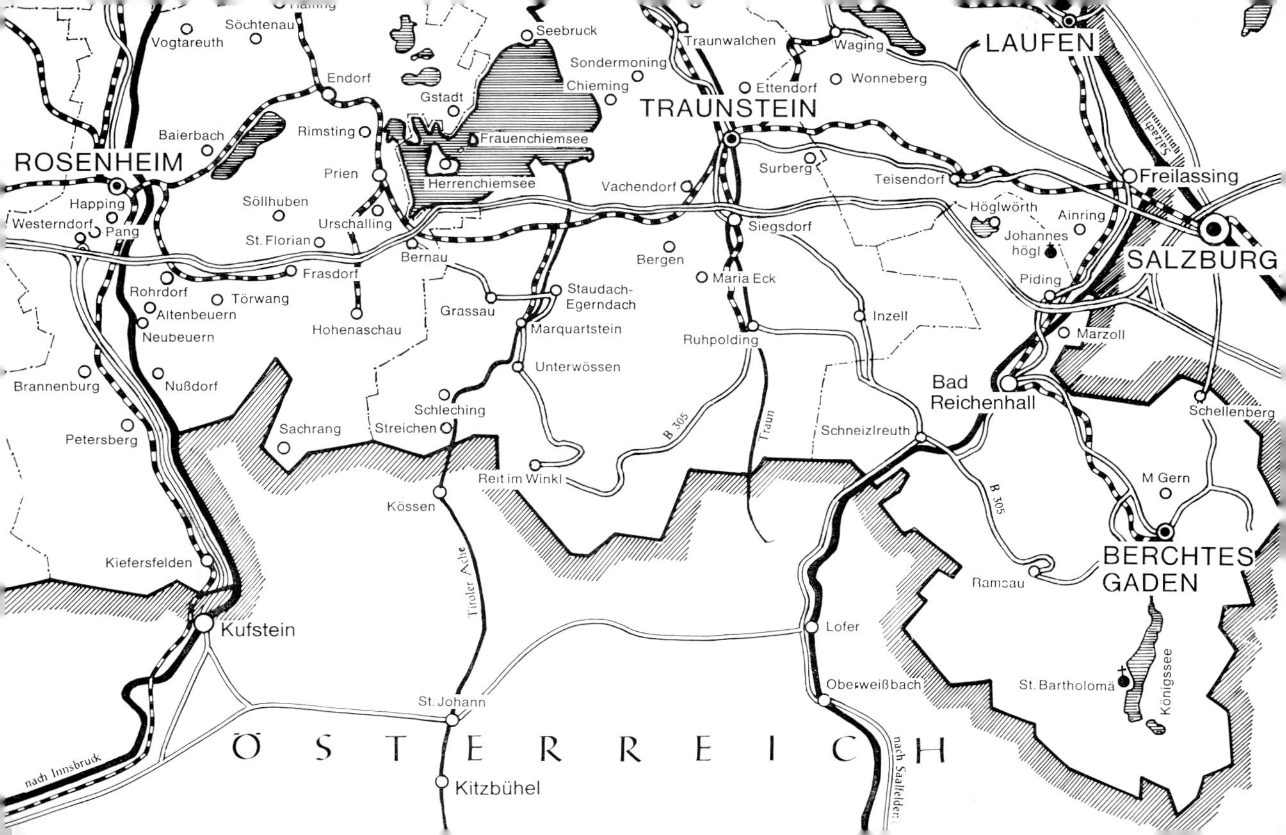

ROSENHEIM
TRAUNSTEIN
LAUFEN
SALZBURG
Freilassing
BERCHTES GADEN
Bad Reichenhall
Kufstein
Kitzbühel
ÖSTERREICH
Söchtenau
Vogtareuth
Endorf
Seebruck
Sondermoning
Chieming
Gstadt
Frauenchiemsee
Herrenchiemsee
Rimsting
Baierbach
Prien
Söllhuben
Urschalling
St. Florian
Happing
Westerndorf
Pang
Bernau
Frasdorf
Rohrdorf
Törwang
Altenbeuern
Neubeuern
Hohenaschau
Grassau
Staudach-Egerndach
Marquartstein
Unterwössen
Brannenburg
Nußdorf
Petersberg
Schleching
Streichen
Sachrang
Reit im Winkl
Kössen
Kiefersfelden
Tiroler Ache
St. Johann
nach Innsbruck
Traunwalchen
Waging
Ettendorf
Wonneberg
Surberg
Teisendorf
Vachendorf
Siegsdorf
Bergen
Maria Eck
Ruhpolding
Inzell
Höglwörth
Ainring
Johannes högl
Piding
Marzoll
Schellenberg
Schneizlreuth
B 305
Traun
M Gern
Ramsau
Lofer
Oberweißbach
nach Saalfelden
St. Bartholomä
Königssee
Salzach

schmuck der Gesimse: Schlichte, geistreiche Formen, die im Wechsel des einfallenden Lichts mal positiv, mal negativ erscheinen. Der zwei Reben tragende, über die Kanten wachsende Weinstock auf der linken Seite drückt anrufend das Gleichnis Christi aus. Rechts sind über der Ecke zwei Vögel dargestellt, die an einem Blatt oder Baum picken; gemeint sind die Seligen, die sich am Baum des Lebens erquicken. Der Reliefschmuck nimmt also in erster Linie den 103. und 104. Psalm zum Vorwurf. Das Holzkruzifix an der Schiffwand stammt aus dem dritten Viertel des 13. Jahrhunderts und steht zeitlich ziemlich am Ende der Reihe unserer Kreuzigungsdarstellungen. Das Atteler Wallfahrtsbild »Unser Herr im Elend«, ein sogenanntes Viernagelkruzifix, entstand um die Mitte des 13. Jahrhunderts, das Dreinagelkruzifix von Vachendorf steht stilmäßig zwischen beiden; das Kruzifix von Kirchhalling bei Waging ist romanisch-gotisch. Der Christus des Petersberger Kruzifixes ist leidend, sterbend dargestellt. Die vierzackige Krone, Zeichen der Königsherrschaft, verbindet es zwar mit älteren Kultbildern, doch sind bereits die Füße übereinandergeschlagen, die kühne Auflockerung des bislang ornamental gefältelten Schurzes weist in eine neue Zeit. Die gewissenhaft vorbereitete und im Juni 1972 abgeschlossene durchgreifende Renovierung der Kirche erstreckte sich auf die überaus reiche Einrichtung und auf den gesamten Baukörper. Petersberg ist ein Kleinod des bayerischen Inntals. – In der Turmvorhalle der Leonhardskirche im nahen Nußdorf ist ein stark verwittertes Sandsteinhochrelief eingemauert. Dieses spätromanische Werk stellt eine Halbfigur dar, mit der – der Barttracht und dem beigegebenen Buch nach zu schließen – der Apostel Paulus gemeint sein könnte. Ist es Zufall, wenn in der Höhe (zwischen 57 und 58 cm) eine Maßeinheit langobardischer Herkunft enthalten ist? Die Abmessung der »Pes Luitprandi« (nach König Luitprand, 712–744) schwankt zwischen 28,5 und 29 cm. Daneben tritt in langobardischen Werken die Einheit von 43 bis 43,6 cm auf. Aber auch der Fuß der Hirsauer Bauschule (zwischen 30,7 und 33,9 cm) ist an einigen Werken im bayerischen Raum anzutreffen. 10

*Petersberg, Kruzifix (13. Jh.)*

*Baierbach bei Rosenheim, »Franzosenkreuz« aus Limoges (12. Jh.)*

In der Not der Napoleonischen Kriege gelobten die Baierbacher im Jahre 1800 einen alljährlichen Umgang unter ihrem sogenannten »Franzosenkreuz«. Seither trägt es am Ostersonntag bei der Prozession immer der jeweils älteste Einwohner voran. Aus Sicherheitsgründen steht diese französische Arbeit des 12. Jahrhunderts nicht mehr in Baierbach. Unklar ist bis heute, auf welchem Wege dieses Kleinod in die entlegene Kirche am Simssee gelangte. Manches spricht dafür, daß es von elsässischen Patres stammt, die vor den Wirren der Französischen Revolution nach Deutschland flüchteten. Die Gesamthöhe des lateinischen Kreuzes samt Schaft beträgt 65 cm, der Kreuzstamm mißt 47 cm. Um die Holzbalken ist vergoldetes Kupferblech geschlagen, aus dem die erhabenen Formen getrieben wurden. Lediglich die Gestalten der Evangelisten sind angeheftet. Vollrunde bis ovale Fassungen halten geschliffene Smaragde und ultramarinblaue Steine, deren Licht erloschen ist. Der Herstellungsort des Kreuzes ist Limoges, das sich seit der ersten Hälfte des 12. Jahrhunderts zu einem wichtigen Hauptort der Emailmalerei entwickelte. Bei diesem Vortragekreuz, das im Vergleich mit anderen Arbeiten gleicher Herkunft ziemlich handwerklich wirkt, ist cölinblaues und weißes Email in furchenartige Gruben eingeschmolzen. Auf diese Weise sind der Lendenschurz, die Kreuzinschrift (CHX) und das Gewand der Evangelisten gefertigt; bei ihnen tritt in strenger Regelmäßigkeit ein weißer Streifen neben vier blauen auf. Auf der Rückseite der Balkenenden sind die Evangelistensymbole eingearbeitet, stark stilisiert, auf blauem weißgerändertem Emailgrund: oben St. Matthäus, unten St. Lukas (fehlt), zur Rechten des Gekreuzigten St. Markus, zur Linken St. Johannes. Daneben befinden sich rautenförmige Zierstücke mit Rosetten auf blauem Emailgrund. In unserem Raum ist das Baierbacher Kruzifix das einzige Beispiel für den lebenden Triumphans, der, mit vier Nägeln aus Holz geheftet, in gestraffter königlicher Haltung über Sünde und Tod siegt. Die jugendliche, bartlose Darstellung zeigt sich noch sehr stark der vorromanischen Auffassung verhaftet – ähnlich den Kruzifixen von Altenhohenau und Forstenried.

Kloster Seeon wurde 944 von Pfalzgraf Aribo I. gegründet und mit Benediktinern aus St. Emmeram in Regensburg besetzt. Schon unter seinem ersten Abt Adalbert erreichte Seeon eine erstaunliche Blüte. Mit St. Peter in Salzburg war es wichtiger Strahlungspunkt des Hirsauer Reformgedankens. Abt Gerhard baute seit etwa 1004 nach dem Regensburger Vorbild eine berühmte Mal- und Schreibschule auf. Von Abt Alban stammt vielleicht der Forstenrieder Herrgott. »In dem von St. Emmeram beeinflußten Kloster Seeon dichtete der Abt Gerhard um 1013 in Hexametern einen Lobpreis des gelehrten Bamberg . . ., die literarische Gattung des Städtelobs, die schon bei Arbeo (von Freising) angeklungen war, wird so wieder auf bayerischem Boden lebendig« (E. Dünninger). Die Türme und Grundmauern der Kirche stammen aus dem 11. Jahrhundert, der Kirchenraum, eine dreischiffige Säulenbasilika, entstand in der zweiten Hälfte des 12. Jahrhunderts. Die Kapitellform an einer von der späteren Ummantelung befreiten Säule verrät Einfluß der Reichenauer Bauschule. Die drei Schiffe endeten ursprünglich in je einer Apsis. Noch vorromanischen Baugedanken folgend, ist den Türmen ein doppelgeschossiger Westbau vorgelegt, der unten zum »Paradies«, oben zu einer Michaelskapelle ausgestaltet ist. Im ersten Bauabschnitt entstand das Hauptportal, ein herbes, frühzeitliches Werk, ohne jeden figürlichen Schmuck, lediglich durch Flechtbänder in seiner Strenge gemildert. Die achtseitigen Türme ragen in drei Scheingeschossen über das Dach der Vorhalle hinaus. Der drittletzte Blendbogen wird von einem Quadrat umschrieben, die Höhe der folgenden steht im gleichen Verhältnis zur jeweiligen Breite. In einfacher und überzeugender Weise sind die unterschiedlichen Größen der Blendbogen miteinander verquickt und insgesamt zu einer lebendigen Steigerung getrieben, die im letzten Geschoß behutsam abebbt und im Pyramidendach ausklang. Bemerkenswert ist die stufenweise Verkürzung der Blendbogenbreiten. Der Baumeister wußte, daß sich ein mathematisch genau parallellaufender Körper nach oben zu scheinbar verdickt und schaltete deshalb diese unerwünschte Augentäuschung aus.

*Seeon, Westtürme der Klosterkirche (12. Jh.)*

14

*Traunstein, Altarleuchter im Heimathaus (12. Jh.)*

Mit den Limosiner Emailarbeiten wurde seit dem späten 12. Jahrhundert ein schwunghafter Ausfuhrhandel betrieben. Zum Absatzgebiet scheint auch Südostbayern gehört zu haben. Im Bayerischen Nationalmuseum ist Limosiner Altargerät ausgestellt, das aus der Schloßkapelle von Tüßling (bei Altötting) stammt. Das Traunsteiner Heimathaus besitzt einen vergoldeten Altarleuchter aus Bronzeguß. Aus klaren, eng verwandten, überzeugenden Formen baut sich das Werk auf: Kreis, Kugelabschnitt, gedrückte Kugel, Kelchform, Zylinder. Der Fuß ist mit Ranken und vier Scheiben geschmückt, in die je zwei gleichartige tauben- bzw. hundeähnliche, stark stilisierte Tierfiguren einbeschrieben sind, die nach rechts steigen. Dem Vogel ist ein rot abgesetztes Vierblatt vor den Schnabel gegeben, beim Hund fällt die dekorativ wuchernde, schlingende Zunge auf. Der Rand der Scheibe ist mit gelbem, die Innenform mit preußischblauem Email gefüllt. In die vier Buckel des Knaufs ist je ein doppeltes Vierblatt gesetzt. Von außen nach innen treten die Farben Weiß, Blau, Rot auf. Die Aussparung zwischen den Scheiben ist auf der unteren Hälfte mit grünem Email belegt. Die Unterseite des Tellers gliedert sich in acht Pässe, in denen je ein Blatt mit einer Ranke eine neue Gesamtform bildet. Hier erreichen die Farben stärkste Ausdruckskraft: Gelb, wechselndes Blau, Weiß und Grün. Für die Meister mittelalterlicher Werke, gleich ob es sich um Architektur, Plastik, Schrift oder um Buch-, Tafel- oder Wandmalerei handelte, war der Umgang mit der symbolbeladenen Zahl, mit Maßverhältnissen und geometrischen Konstruktionen eine selbstverständliche, unabdingbare Notwendigkeit. Dabei ersetzte die Rechnung durchaus nicht das mühevolle Ringen des ästhetischen Empfindens. Diese vermeintlichen Schranken waren vielmehr Ecksteine einer verborgenen Ordnung, deren fordernde Probleme erst jene unantastbare Freiheit in der bildnerischen Gestaltung möglich werden ließen. – Der Kustos des Heimathauses erforschte die unmittelbare Herkunft dieses aus dem 12. Jahrhundert stammenden Limosiner Leuchters: 1891 erwarb ihn der Historische Verein Traunstein von der Pfarrkirche Salzburghofen.

*Ruhpolding, Madonna in der Pfarrkirche (1230)*

Seit ihrer Entdeckung im Jahre 1955 wurde die außerordentliche Stellung der Ruhpoldinger Madonna unter den Holzbildwerken der bayerischen Romanik oft hervorgehoben. Unter dicken Farbschichten war die ursprüngliche Fassung jahrhundertelang konserviert; keine Beschädigung lenkt den Betrachter ab. Die Muttergottes thront frontal, den Jesusknaben auf dem linken Knie, das Haupt feierlich erhoben. Das Forschende und Gesammelte in ihrem Blick scheint die Suche nach Wahrheit zu spiegeln. Die Gesamthöhe der Lindenholzstatue beträgt 64 cm. Vermutlich entstand sie um 1230 in einer salzburgischen Werkstatt. An den Köpfen sind Ansatzstellen für Kronreife erkennbar. Das Zepter in der Rechten ist verlorengegangen; wahrscheinlich wurde es ungefähr parallel zur Segenshand gehalten. Das Bild ist geprägt von einer kraftvollen Geschlossenheit. Die bildhauerische Behandlung verrät zupackenden Formwillen. Die farbige Fassung, vor allem das strahlende, symbolgeladene Rot – wie von Glasfenstern geliehen – macht die sinnenhaft plastische Form durchscheinend für Geistiges. Der frontal thronende Jesus hält mit der Linken die Hand der Mutter, die Rechte ist segnend erhoben; gewiß kein Zufall, daß die Hand vor dem Herzen Mariens fixiert ist. Während sich die Segenshand ins Diesseits richtet, scheint der Blick Mariens an Absolutes geheftet. Doch strömt auch vom Gesicht Mariens seine Kraft zum Beschauer. Das Halbrund der Kinnpartie setzt sich schwellend bis zu den Füßen fort und schlägt hier in die horizontale Ebene um. Die Kopfhöhe ist fünfmal in der Gesamthöhe enthalten, Christus schwebt genau in ihrer Mitte. Seine Körpergröße teilt die Gesamthöhe im Verhältnis 2 : 3 (2 × 128 : 640 mm) und wiederholt sich im unteren Abstand der Stuhlpfosten, auf der Mittelachse, soweit das Rot reicht, und zwischen Fingerspitzen und Scheitel. Die angedeutete Fülle der Maßbezüge ist keine billige Finesse, sondern der ernste Versuch, das Chaos des Alltäglichen und Zufälligen zu überwinden und so dem gestellten Thema gerecht zu werden. Auch ist Jesus kein Knabe, sondern ein Erwachsener, gleich proportioniert wie Maria. Sie bestimmt das Größenverhältnis. Das Maß liegt nicht beim Betrachter.

18

Holnstain ist eine Burg im Grenzgebiet zwischen Bayern und dem Erzstift. Sie gliedert sich in drei Teile. Der unterste liegt zu Füßen der steilen Felswand, der andere besteht aus ihren Höhlen, woher auch der Name kommt. Diese beiden Anlagen gehören zu Bayern, die dritte auf dem Berg wird Salzburg zugerechnet . . .« So beschreibt der Topograph Philipp Apian im 16. Jahrhundert den Toerringischen Edelsitz Stein an der Traun. Die Höhlenburg, den Zellen beim Kloster St. Peter in Salzburg recht ähnlich, ist – was die Ausdehnung und den Erhaltungszustand betrifft – einzigartig in Deutschland. Die ausgezeichnete Lage und zahlreiche vorgeschichtliche Bodenfunde in der Nähe der Burg lassen vermuten, daß die Höhenanlage im Kern in älteste Zeiten zurückreicht. Im Hochmittelalter entstand sie so, wie wir sie heute vor uns haben. Der Einstieg liegt ein gutes Stück über dem Erdboden. Ein halbrunder Turm ist an den Felsen gebaut, eine Wendeltreppe und der 30 m lange Wehrgang sind gemauert, im übrigen ist das ganze Labyrinth aus dem Nagelfluh geschürft. Das Leben spielte sich auf den Gängen und in den acht Kammern ab: Zechstube, Kochstelle, Waffenschmiede, Kemenate, Amtsstube, Verlies, Folterkammer. Ein 26 m tiefer Brunnen reichte bis zum Spiegel der Traun hinab. Gut über 70 m dehnt sich die dreistöckige Burg in die Breite. Sie verbindet unterirdisch das Talschloß mit dem Oberhaus, offensichtlich ein Beobachtungsturm, der von einem hohen dreiseitigen Wall umgeben ist und der den oberen Ausgang zu sichern hatte. Rapoto II. von Stein aus dem Stamm der Grafen von Plain und Tengling hauste hier als Strauchritter, beraubte Kaufmannszüge, die auf der nahen Fernstraße vorüberkamen, brandschatzte Bauerngüter und beteiligte sich im Jahre 1192 sogar an der Niederbrennung des benachbarten Klosters Baumburg, so daß er schließlich mit dem päpstlichen Bann belegt wurde. Noch schlimmer trieb es sein Schwiegersohn Heinrich von Toerring (1200–1244), als »Heinz von Stein« weitum bekannt und berüchtigt. Bis zum heutigen Tag ist er wegen seiner sagenhaft groben Unhöflichkeiten als sprichwörtliche Figur und Theatergestalt lebendig geblieben. Beerdigt wurde er im Kloster Baumburg.

*Stein, Wehrgang im Felsenschloß* 20

Von den romanischen Kleinbronzen blieb wenig erhalten. Im Inn-Salzach-Raum haben nur Frauenchiemsee (Türzieher), Berchtesgaden (Weihwassergefäß) und Wasserburg Beispiele für diese interessante Gattung zu bieten. Die stolze alte Stadt besitzt aus ihrer frühen Geschichte ein Beschlägstück, das vor einigen Jahren in einer Schwemmsandschicht der Innschleife gefunden wurde. Es handelt sich um einen scheibenförmigen Bronzeguß, der mit vier Nieten gehalten wurde. Die feine Ziselierung ist nicht beschabt, ein Zeichen, daß der Fund nur kurz oder gar nicht dem Flußgeschiebe ausgesetzt war. Die Darstellung variiert das sehr alte und beliebte christliche Motiv des Löwen am Lebensbaum. An etlichen Stellen sind Spuren der einstigen Vergoldung zu finden. Man darf vielleicht annehmen, daß es von einer Prunktruhe stammt. Verständlich, daß dieser Löwe auch schon mit dem Wasserburger Wappentier in Verbindung gebracht wurde. Der begrenzende plane Ring ist mit einem Pflanzenmotiv geschmückt, das in acht Wellen umläuft, wobei in jeder Biegung ein sprießendes Blatt liegt, das in die Gegenrichtung zeigt. Die Innenform ist durchbrochen, die Gestalt des Tieres schwillt kraftvoll-prall in die dritte Dimension. Kopf, Brust und Hinterteil setzen sich als Buckel voneinander ab. Das steigende Tier wird umstrickt von einer grotesken Pflanze (Einblatt-Zweiblatt-Dreiblatt), die aus dem Schweif wächst. So wenig diese Darstellung ein Abbild des Löwen ist, so eindeutig stellt sie sich als sein Inbegriff dar. Die Bildteile verknüpfen sich in harmonischer Weise; die Abstraktion verleiht der Scheibe eine strahlige Wirkung. Wäre diese Arbeit, die bequem in der geschlossenen Hand Platz findet, nicht als Vorwurf für ein Apsismosaik denkbar? Nebenbei macht die Aufnahme offenbar, daß die Fotografie Bildwerke in einem wesentlichen Teil vorweg interpretieren kann. Es gilt also, bei der Betrachtung die positive wie die negative Seite dieser Eigenart zu bedenken. Die Ruhpoldinger Madonna ist im gleichen Maß monumental wie der Braunschweiger Löwe oder der Bamberger Reiter. Wem geschah es aber nicht schon, daß er – an Lesebuchbildern orientiert – schließlich enttäuscht vor einem Reiterlein stand!

*Wasserburg, Bronzebeschläg im Heimathaus*

In der Klosterkirche zu Gars am Inn ist in der Taufkapelle am Nordturm ein 29×58 cm großes Sandsteinrelief eingelassen, das wohl ursprünglich mit einem inhaltlichen Gegenstück das Portal der um 1130 errichteten dreischiffigen romanischen Basilika schmückte. Die drei Bildteile sind ohne verbindendes Beiwerk. Mit dem Köter, der lechzend hereinstürzt, im selben Augenblick aber erschreckt die Hinterläufe in den Boden stemmt, kann nur das Teuflische gemeint sein. Der schwebende, maskenhafte Kopf, das »körper-lose« Wesen, ist Sinnbild der Seele. Sie weicht vor dem Untier bis an das unheilabwehrende Zeichen zurück. Das linke Ohr ist deutlich ausgebildet, während das rechte – wie von der Bildachse abgeschnitten – völlig fehlt. Verschließt es sich den Anfechtungen? Denkbar, daß uns diese Darstellung auf den

*Gars am Inn, Klosterkirche (um 1130)*

*Reliefstein in der Taufkapelle am Nordturm*

86. und 116. Psalm verweist (St. Zeno!). Der Knoten ist gegen das Untier gerichtet. Der Umriß schwingt schützend bis zum Scheitel des Kopfes. Das germanische Schlingbandmotiv ist kein Hinweis auf heidnische Herkunft dieses Signums. Es wurde sicher im Geiste des Christentums geschaffen. Die Linien umschließen fünf Aussparungen: eine rauten- und vier tropfenförmige. Die Fünfzahl, in vielfältiger Weise als Unheilbanner angewandt, bezieht ihre Kraft aus den fünf Wunden Christi. So gesehen, ist in den genannten Binnenformen eine durchdringende Wirklichkeitsnähe zu spüren. Löst man den Knoten entsprechend den Überschneidungen, ergeben sich zwei überkreuzte, fließende Gebilde. Die Zwei benennt den Alten und Neuen Bund. Das Band hat hohen Symbolwert (der Regenbogen, das Wort, das lebendige Wasser).

*Burgkirchen am Wald, Westpforte der Kirche (13. Jh.)*

Die Pfarrkirche St. Rupertus in Burgkirchen am Wald, halbwegs zwischen Mühldorf und Altötting, besitzt als allgemein große kunsthistorische Seltenheit an der Westpforte im Turmerdgeschoß Türbeschläge aus der ersten Hälfte des 13. Jahrhunderts. Die auffallend unregelmäßige Anordnung der Eisenbänder läßt sich dadurch erklären, daß man in der Gotik die Bohlen auswechselte. Einige Teile, die wohl beim Ablösen rissen, wurden dann in wenig einfühlsamer Weise ersetzt. Stilgerecht sind die großen gerippten C-Formen und jene Bänder, die, wie das dritte von links unten, paarweise sichelförmig ausgeschmiedete Enden aufweisen. Selbstverständlich schlägt auch in rein handwerklichen Arbeiten die formelhaft knappe Sprache der »hellen« Magie durch. Die hier verwobenen Zeichen, Lebensbaum, Kreuzbaum, Drudenfuß, zeigen sich nicht offen, sondern sind in den persönlichen Gestaltungswillen und in die Möglichkeiten des verwendeten Werkstoffs eingehüllt. – Der Blick vom Kirchturm reicht weit über das Inntal. Die beherrschende Lage über dem Steilabfall eines vorstoßenden Hügelrückens unterstreicht den Sinn des Ortsnamens, der auf eine jener baugeschichtlich so bedeutsamen hochmittelalterlichen Turm- oder Wehrkirchen hinweist. Ihre eigentümliche Anlage läßt den Schluß zu, daß sie als feste Zufluchtsstätte für Kriegszeiten errichtet wurde. Während aber hier nur die Erinnerung blieb, bietet die Johanniskirche in Piesenkofen im Norden des Landkreises Mühldorf das am besten erhaltene Beispiel in Südbayern: Über dem halbrund geschlossenen Erdgeschoß des romanischen Backsteinbaues befindet sich noch ein Obergeschoß, das nur über eine Leiter zu erreichen ist. In der Mauerstärke der Westwand führt eine Treppe bis zum Dachreiter hinauf. Ähnlich aufschlußreich ist die Kirche von Thal bei Hohenthann, westlich von Rott am Inn. Augenscheinliche Reste solcher Bauanlagen weisen zwischen Inn und Salzach lediglich die Kirche von Urschalling und die im 12. Jahrhundert errichtete Marienkirche in Raiten bei Marquartstein auf. Ihr Wehrturm wurde in der Spätgotik bis auf das erste Stockwerk abgetragen. Das Kirchenschiff, also das Erdgeschoß des Turmes, erhielt einen spätgotischen Chorraum. 26

Am Turm der Pfarrkirche zu Winhöring ist in etwa halber Höhe auf der Südseite ein Sandsteinblock eingemauert, dessen kragendes Ende als hockende Gestalt ausgearbeitet ist. Sie stammt, wie das Mauerwerk, aus dem 12. Jahrhundert. Es gibt erwartungsgemäß wenige gleichartige Plastiken, die man diesem Turmhocker zur Klärung des Sinngehalts gegenüberstellen kann. Aus vorromanischer Zeit finden wir ein Beispiel an einem Trapezkapitell im Wormser Paulusmuseum, ein anderes, spätromanisches, ist in Kastl in der Oberpfalz. Das nächstliegende bietet die Johanniskapelle ob dem Karner neben der Stadtpfarrkirche von Mühldorf. An der Südseite des Rundbaues ist gut zwei Meter über dem Boden eine Konsolfigur aus Sandstein zu sehen. In jedem Fall sind die Hockenden an untergeordneter Stelle in einen Sakralbau einbezogen. Stets ist ihre Haltung nach innen gerichtet, die Kraft der Arme fließt in den Körper zurück. Im Ausdruck liegt Scheu, Bedrücktheit, fast tierhaftes, mitleiderweckendes Erdulden. Die üblichen Dämonengestalten – dräuend, bleckend, gaukelnd – setzen sich deutlich von diesen Einzelgängern ab. Die mittelhochdeutsche Literatur eröffnet uns ein Weltbild, in dem »wilde Leute« ruhelos die Randbezirke der menschlichen Gesellschaft durchstreifen, unerlöst die Zwischenbereiche des hierarchischen Gefüges von Gottes Schöpfung bevölkern. Tatsächlich überlagern sich Projektion und Wirklichkeit. Wer sein Gleichgewicht verlor, wurde aus der Gemeinschaft ausgeschieden. Wie sehr diese ins Dunkel gestoßenen Gestalten der menschlichen, geistlichen Hilfe gegen die Dämonen bedürfen, schildert eindringlich ein Chorstuhlfragment des 14. Jahrhunderts im Kölner Schnütgen-Museum. In der Legende des hl. Chrysostomus taucht eine oft wiederholte Wendung auf: Jäger, die einen »wilden Mann« gefangen haben, lehren ihn unter unsäglichen Mühen sprechen und beten. Da man der Wildleute so gut wie nie habhaft werden konnte, wurde das Erlösungswerk im Bild versucht, durch das sie also – still und ergeben dienend – einen sicheren Platz im geweihten Raum fanden. Vielleicht ist der steinerne Kern dieses Themas Denk-Mal für den Begriff Demut.

*Winhöring, Steinfigur am Turm der Pfarrkirche (12. Jh.)*

*Altötting, hl. Johannes in einem Elfenbeinrelief der Schatzkammer (13. Jh.)*

Altötting bietet ein Beispiel der oströmischen Bilderwelt, die sich von der weströmischen seit dem 4. Jahrhundert durch die besondere Herrschaftsform, das kräftige Nachwirken des spätantiken hellenistischen Erbes, die Nachbarschaft zu orientalischen Kulturen und dann vor allem durch die strengen dogmatischen Grundzüge der Orthodoxen Kirche deutlich absetzt. In der berühmten Schatzkammer ist ein 13,2×14,5 cm großes Elfenbeinflachrelief ausgestellt, das in den Holzdeckel eines süddeutschen Evangeliars des 15. Jahrhunderts eingelassen war. Den Stileigentümlichkeiten nach zu schließen, handelt es sich um ein spätzeitliches Werk der mittelbyzantinischen Epoche (843 bis etwa 1260). Dargestellt ist eine sogenannte Deesis (griechisch: Bitte, Gebet). Christus thront als Weltenherrscher in der Mitte. Zu seiner Rechten naht sich fürbittend Maria als Verkörperung des Neuen Bundes, zur Linken Johannes der Täufer als Vertreter des Alten Bundes. Über ihnen schwebt je ein betender Engel als Halbfigur. Die Fassung ist gold, schwarz, rot, grün, braun. Als Ganzes betrachtet, wirkt die peinlich symmetrische Bildaufteilung ziemlich starr, fast langweilig; im Ausschnitt offenbart sich jedoch eine ungeahnte Ausdruckskraft. Kaum zu glauben, daß der abgebildete Kopf des hl. Johannes tatsächlich nur knapp fingernagelgroß ist. – Die spätgotische Stiftskirche ist der dritte Bau an selber Stelle. König Karlmann, dessen Gebeine nun beim Mittelaltar ruhen, gründete 876 hier neben seiner Pfalz ein Chorherrenstift. Die zweite, spätromanische Kirche wurde unter dem Patronat Ludwig des Kelheimers errichtet, von der sich der Unterbau der beiden Türme, das mächtige Hauptportal dazwischen, die äußere und innere Vorhalle und Teile des Kreuzgangs erhalten haben. Spätromanisch ist auch die innere Pforte der Kapelle und der massige, leider arg beschädigte Taufstein neben dem Hauptportal. – Ein ähnliches, reicher geschmücktes und besser erhaltenes Gegenstück besitzt Burgkirchen am Wald. Erwähnt sei noch eine bescheidene, abgelegene Kostbarkeit: Südöstlich von Mitterhausen bei Alzgern liegt die Feldkapelle zum hl. Petrus mit einer feinfühlig bemessenen, schlanken Erkerapsis.

*Laufen, Portallöwe an der Stiftskirche (12. Jh.)*

Die vielgerühmte Stifts- und Pfarrkirche von Laufen entstand in den Jahren 1332–1338. Der Bau ihrer romanischen Vorgängerin wird an Hand der erhaltenen Baufragmente in die zweite Hälfte des 12. Jahrhunderts datiert: Eine dreischiffige Basilika ohne Querhaus, mit einer Krypta und einem Portalvorbau. An die Westfront schloß sich mit seiner Ostseite ein Turm an, den der gotische Baumeister stehenließ und zur Raumgewinnung in das Rechteck des Grundrisses einbezog. Der Dachfirst der Basilika reichte etwa bis zum gotischen Gewölbescheitel, entsprechend niedriger war auch der Turm. Beim Aufstocken wurde der oberste Teil mit den Klangarkaden abgetragen. Während sich aber beim Bau des Langhauses die Gotik durchsetzte, blieb man bei der Erhöhung des Turmes der vorgegebenen romanischen Formensprache treu. Diese Stilverschleppung ist bezeichnend für die Salzburger Bauweise. So ist an vielen Kirchtürmen des Rupertiwinkels der Rundbogenfries zu finden. Flüchtig betrachtet, setzt sich also nur der gotische Spitzhelm vom »romanischen« Mauerbau ab. Ein Blick auf die Westwand schafft Klarheit: Bis in knapp Zweidrittelhöhe zieht sich eine Baufuge, dann löst plötzlich durchgehendes Quaderwerk die Turmkanten auf. – In Laufen sind noch einige romanische Fragmente zu finden: Im Bruderschaftsgewölbe vor dem Pfarrheim (rechts) sind Säulchen mit Würfelkapitell eingemauert; diese Säulen stammen wahrscheinlich von den Klangarkaden des romanischen Turmes der Stiftskirche. Zwei prachtvolle Kapitelle stehen in der Eingangshalle des Alten Rathauses. Am Ratsdienerstöckl (hinten) wurden Fragmente der ehemaligen Krypta eingemauert. Ein verwitterter Portallöwe steht am zugemauerten Nordeingang der Kirche, einen zweiten beim Hauptportal zeigt diese Abbildung. Der Löwe ist ein Sinnbild Christi, des »Löwen aus Juda«. Wie der alte Löwe nach mittelalterlicher Vorstellung am dritten Tag durch Brüllen sein Junges aus dem Dämmer reißt, holt Gottvater den Sohn aus dem Grab – werden die Toten durch Christus auferweckt. Die Heimat unserer Portallöwen ist Oberitalien. Neben Reichenhall und Berchtesgaden besitzt St. Leonhard bei Schnaitsee ein Exemplar.

32

*Sillersdorf, Schalenstein in der Kirche (um 1300)*

Gewöhnlich finden sich Schalensteine nur vereinzelt in abgeschiedenen Gotteshäusern, doch im bayerischen Vorfeld Salzburgs treten sie in einer Gruppe kleiner Filialkirchen auf: Nonn ob Reichenhall, Sillersdorf bei Freilassing, Abtsdorf (Sakristei); aus Leobendorf gelangte ein Schalenstein ins Heimathaus Tittmoning. Sillersdorf ausgenommen, zeigen die Steine annähernd gleiche Größe und die nämliche Idee der Bearbeitung: Ein umgekehrter Kegelstumpf, in dessen Grundfläche sieben ebenmäßige, halbkugelige bis kumpfförmige Vertiefungen geordnet gehauen sind. Beim Nonner Beispiel etwa mißt der obere Durchmesser 37 cm, der untere 28 cm, die Höhe beträgt 10 cm, die Schalentiefe 7 cm. Hieraus ergibt sich eine Kegelhöhe, die dem Grundkreisdurchmesser plus Stumpfhöhe entspricht, so daß man sich den Stein zunächst auf einem Würfel ruhend vorstellen kann. Schalensteine sind als Gegenstück zu den Altarleuchten zu betrachten; sie hatten ihren festen liturgischen Platz inmitten der Gemeinde. In den Schalen brannten Fettlichter, die vom Volk unterhalten wurden. Die Lampe bedeutet Bereitschaft. Die Scheibe stellt stets das Vollendete, die Gottheit, wie den Erdkreis dar. Die Sieben ist eine der wichtigsten Zahlen des Alten Testaments und vor allem der Offenbarung des Johannes. Sie begegnet uns, wenn vom Handeln Gottes mit den Menschen die Rede ist. So versinnbildlicht sie die Sieben Gaben des Heiligen Geistes, aber auch die Vielzahl, das Ewige. Der umgekehrte Kegel wiederholt die ureigentliche Gebetshaltung: ein Brennpunkt schickt zahllose Strahlen einer unendlichen Scheibe entgegen. – Aus der Reihe fällt der abgebildete Stein, eine monolitische Säule mit Würfelkapitell und Eckblattbasis. Die Höhe beträgt 87 cm. Klar ist die Sprache der Formen, Ableitungen von Kugel und Würfel. Eine Kugel, aus der der Schaft wächst, durchdringt halb die Bodenplatte. Umgekehrt durchdringt der Würfel vierfach eine Viertelkugel, wobei eine Negativform abfällt, die ihre positive Entsprechung im Eckblattmotiv hat – ein genial einfacher Weg, gegensätzliche Formen, Oben und Unten organisch zu verbinden. Um das Jahr 1300 dürfte dieser Schalenstein entstanden sein.

Das Münster des einstigen Augustiner-Chorherrenstifts St. Zeno in Bad Reichenhall ist die größte unter den romanischen Basiliken Oberbayerns, mit der Breite von 30 m und der Länge von 90 m selbst dem Freisinger Dom noch knapp überlegen. Im Jahre 1136 gründete der Salzburger Erzbischof Konrad I. am Eingang des Saalachtales das Kloster St. Zeno, dem hier große kulturelle Aufgaben zugewiesen waren. Die Bau- und Ausstattungsarbeiten zogen sich bis 1228 hin. Sowohl im Grundriß wie auch im Bauschmuck findet die führende Beteiligung lombardischer Meister deutlichen Ausdruck. Neben dem Mittelschiff laufen zwei ungewöhnlich breite Seitenschiffe. Zwölf Joche (acht für die Gemeinde, vier für den Altarraum) durchmißt man vom Eingang bis zur Mittelapsis, die die volle Breite des Mittelschiffes aufnimmt. Der Altarraum, architektonischer Höhepunkt, wird in seiner majestätischen Wirkung noch gesteigert durch die Erhöhung des Bodens. Darunter war die Krypta angelegt, die 1520 zugeschüttet wurde. Nach dem Brand von 1512 erfuhr das Kircheninnere eine durchgreifende Veränderung: Die Fenster wurden vergrößert, statt der Flachdecke zog man ein ziemlich niedriges Gewölbe ein, über dem noch der Lichtgaden erhalten ist; die Arkatur muß man sich als Wechsel von Säule und Pfeiler vorstellen. Über den Kapellen neben dem Chorhaus befanden sich Emporen, die durch ein Doppelfenster zum Altar hin geöffnet waren. Diese Eigentümlichkeit erweckte von außen den Anschein eines Querhauses. Bedauerlicherweise läßt das erst 1912 neuerrichtete Dach überhaupt nichts mehr von der edlen Gliederung des Innenraums erkennen. Vor der Südfront waren zwei Türme geplant, von denen nur der westliche zur Ausführung kam. Bevor die gotische Vorhalle angebaut wurde, muß das Hauptportal eine ungeheuere strahlende Wirkung in der kahlen Südfront gehabt haben. Der für unsere Verhältnisse beispiellose Aufwand in der Gestaltung wird verständlich, wenn man sich vor Augen hält, mit welch tiefer Bedeutsamkeit die Sprache der Bibel im Bild der Türe veranschaulicht wird. Die wechselweise Verwendung von rotem und weißem Adneter Liasmarmor bedeutet nicht nur eine reiz-

*Bad Reichenhall, Tympanon am Portal der Klosterkirche St. Zeno (um 1228)*

volle Bereicherung, sie gehört wesentlich zu diesem Portal, denn selten setzen sich Farbe, Stofflichkeit und kubische Form so ehrlich und heftig auseinander wie in dieser Leistung. Das Portalgewände ist dreimal gestuft und mit drei sehr schlanken, runden und gekanteten Säulenschäften ausgesetzt. Die pfeilerartigen Vorsprünge sind gekehlt, so daß das Licht die Feingliedrigkeit noch erheblich zu steigern vermag. Säulen wie Viertelpfeiler sind mit Basen und Blattwerkkapitellen versehen (92. Psalm). Diese gewandte spätzeitliche Durchformung verrät, daß das Portal um das Jahr 1200 geschaffen wurde. Die Muttergottes thront mit dem Erlöser auf einem Faltstuhl, mit einem Nimbus ausgestattet, dessen plastische Form geradezu raffiniert auf Lichtwirkung berechnet ist. Huldigend nahen sich die beiden Titelheiligen: Zur Rechten Mariens St. Zeno mit Hirtenstab, Mütze und Meßgewand, mit der Beischrift »S. ZENO«; der hl. Rupertus, ebenfalls benannt, wurde durch einen Blitzschlag 1654 schwer beschädigt. Aus der schreinartigen Vertiefung treten halbplastisch die Figuren hervor. Der dreifache Bogenschwung verstärkt durch sein dynamisches Steigen und Fallen in verhaltener Weise die Bewegung des kniefälligen Nähertretens und unterstreicht noch einmal die ruhende Mitte des Bildes. In der Kehlung über dem Nimbus steht der Titel »MATER MI(SERICOR)DIAE«. Der Rand des Tympanons ist mit schwarzen und dunkelroten Marmoreinlagen versehen, ein sehr seltenes Mittel, das ohne italienische Vorbilder gar nicht denkbar wäre. Über St. Zeno und Maria steigt die Sonne in den Zenit, rechts, dem Bogen folgend, sinkt der Halbmond. Mit den sieben schwarzen »Punkten« könnten die Planeten gemeint sein. Der Bogenrand des Tympanons, das Kernstück des Portals, versinnbildlicht also die Grenzen des Kosmos. Die beiden Bischöfe sind der Sonne und dem Mond zugeordnet, ein Hinweis auf ihren Wirkungsort am Südrand und Nordrand der Alpen. St. Rupertus ist der Wahrer der heimischen Salzschätze, der Wasserheilige St. Zeno aus Verona schützte die Haller Salzquellen vor den Schlammfluten der Saalach. Zuoberst, am Scheitel des ersten Bogengliedes, erscheint das Got-

*Bad Reichenhall, das »erste Lächeln« am Portal der Kirche St. Zeno (um 1228)* 38

teslamm (»Ich bin die Tür . . .«). Die Heiliggeist-Taube neben dem Haupt Mariens ist vernichtet. – Die vierten Säulen des Portals ruhen auf zwei Löwen mit eigenwillig ornamental geformten Köpfen. Der linke liegt im Kampf mit einem schuppigen Lurch, der andere richtet mit den Tatzen liebend sein Junges auf (79. und 83. Psalm bzw. 95. und 113. Psalm). – Die Reliefs neben dem Portal stammen ganz offensichtlich von anderer Hand und entstanden wahrscheinlich vor 1136. Links: Das Menschenpaar steht zur Linken Gottvaters; rechts: »Dank und Gelübde eines Erretteten« (86., 107. und 116. Psalm). Der strahlende Gesichtsausdruck des Boten Gottes spiegelt sich in seinem Schutzbefohlenen. Vielleicht ist dieses ergreifende, frühe und noch mühsame Lächeln (»Tu ein Zeichen an mir, daß mir's wohl gehe . . .«) das erste selige Lächeln in einem Bild des christlichen Abendlandes. Die zwei Reliefs haben höchste Qualität. Die Reliefs an den Kragsteinen beziehen sich auf die jeweils gegenüberliegenden Löwen. Links: ein pickendes Vogelpaar, von Petersberg her bekannt; rechts: ein drachenhaftes Doppeltier. Die Volkssprache hat dieses bezeichnende Bild der Zweiköpfigkeit im schlagenden Beiwort »bifotzig« (aus lat. bis-facies) übernommen. Prachtvoll ist die Groteske am Türsturzbalken. Schlangenhaftes Rankenwerk wuchert, links aus dem Rachen einer Aspis wachsend, rechts von einer Aspis angebissen. Sinnlich pralle Früchte platzen aus den Schoten. Auf einem Dreiblatt liegt ein Männchen (2. Mose 2), das von einer dritten Aspis bedroht wird (90. und 91. Psalm). Die wahlweise angegebenen Schriftstellen können natürlich nur als Ansatzpunkte einer ganzheitlichen Aussage gelten. – Die Oberkante des Türsturzes, inhaltliche Zäsur, teilt die Portalhöhe bis zum Scheitel des ersten Bogengliedes im Verhältnis 3 : 1 bzw. 12 : 4. Form und Proportionsgerüst des Portals lassen sich also mit dem Kirchengrundriß in einen Bezug bringen. Den Bildhauern war durch Bildgedanke, Material und Gestaltung ein gewaltiges und schwieriges Programm zur Bewältigung aufgegeben, dennoch ist eine gewissenhafte »Sauberkeit in der Handhabung der handwerk- 40

*Bad Reichenhall, Barbarossa-Stein im Kloster St. Zeno (um 1200)*

lichen und bildnerischen Mittel« nie verletzt. Die tragenden Formen der malerischen, plastischen und architektonischen Gestaltung werden fortwährend mit neuem Leben erfüllt, nie zur Formel gedroschen; Raum- und Bildprogramme bleiben weit vom billigen Schema entfernt, selbst das Ornamentale ist unwiederholbar, niemals Spielerei, stets Spiel. – Im romanischen Kreuzgang sind an einem Fensterpfeiler zwei Reliefs eingelassen. Das rechte, ein Hochrelief in vertieftem Grund, 33×102 cm groß, stellt laut Inschrift auf der Randleiste »FRIDERIC IMP« Friedrich Barbarossa dar, dessen besondere Gunst das Kloster genoß. Die Kaisergestalt erscheint in Tunica und Mantel, mit Lilienzepter, Reichsapfel und Dreiblattkrone. Anscheinend sind dem Gesicht porträthafte Züge eigen. Typgleich ist das Steinbildnis Kaiser Heinrichs V. im Pfälzischen Museum zu Speyer. Das zweite Relief will mit der Darstellung der äsopischen Fabel von Wolf, Fuchs und Kranich die Dankbarkeit des Klosters unterstreichen. – Mit der Pfarrkirche St. Nikolaus im Süden besitzen wir ein Beispiel für den Typus der »Alpenländischen Basilika«: ein dreischiffiger Raum, flachgedeckt oder eingewölbt, querschifflos, gleichfluchtige Apsiden, massige Pfeiler, dazwischen stämmige Säulen. Die figürliche Bauzier an der südlichen Apsis stammt vom abgebrochenen Turm, der einst zugleich als Wehrturm in der Stadtmauer stand. – Nördlich von Reichenhall liegt die Dorfkirche von Mauthausen, ein interessanter Saalbau aus unverputztem Tuffquaderwerk, um 1200 entstanden. – Die Burgruine Karlstein im Südwesten ist mit ihrem herrischen Bergfried ein Denkmal der Stauferzeit. – Vom Johanneshögl kamen zwei gefaßte Holzfiguren ins Heimatmuseum Bad Reichenhall: Maria und Johannes von einer Kreuzigungsgruppe, 62 und 67 cm groß, aus der ersten Hälfte des 13. Jahrhunderts. Es sind keine überragenden Werke, aber wegen des Suchens nach neuen Ausdrucksformen doch von Bedeutung. – Aus Reichenhall stammt ein Holzkruzifix aus der ersten Hälfte des 11. Jahrhunderts, das älteste der bayerischen Romanik. Heute ist es im Besitz des Boston Museum of Fine Arts.

*Bad Reichenhall, Mittelschiff der Pfarrkirche St. Nikolaus (ab 1181)*

*Berchtesgaden, Arkaden im Kreuzgang der Stiftskirche (13. Jh.)*

Ein Gelübde seiner Stiefmutter Irmgard erfüllend, gründete Graf Berengar von Sulzbach in seiner Besitzung Berchtesgaden im ersten Jahrzehnt des 12. Jahrhunderts eine Klosterzelle, in die er Augustiner aus Rottenbuch berief. Der erste Propst Eberwein schuf alle Voraussetzungen für eine beachtliche wirtschaftliche und politische Entwicklung Berchtesgadens. Bis 1803 stand das Stiftsland im Rang einer reichsunmittelbaren Fürstpropstei. Man muß annehmen, daß der Gründungsbau des Augustiner-Chorherrenstifts St. Peter und Johannes behelfsmäßig errichtet wurde, denn die erhaltenen romanischen Bauzüge stammen aus der zweiten Hälfte des 12. und dem Anfang des 13. Jahrhunderts. Romanisch sind das Fundament des Langhauses, die Anlage der Türme und die Vorhalle. 1882 scheint das Säulenportal erneuert worden zu sein. – Der Kreuzgang, das Herzstück der Klosteranlage, ist mit Ausnahme der Neuerungen am Nordflügel ein einheitliches Werk der Spätromanik. Die große Doppelarkade im Westen war der Zugang zur Brunnenkapelle. Nur mit Mühe ist die Fülle des plastischen Schmucks zu durchdringen, dem insgesamt ein theologisches Programm zugrunde liegt und der im einzelnen in geistreicher Weise Predigt, Bitte und Lobpreis sein will. Ganze Trauben von Dämonengestalten erscheinen wie aufgespießt am Kapitell einiger Säulen, Bandwerk und Pflanzenformen wuchern, antike Fabelgestalten geben sich mitten in Berchtesgaden ein Stelldichein. Einleuchtend zeigt sich, wie die bayerische Romanik Christliches mit germanischer und antiker Tradition zum eigenen Gesicht formte. In den massigen Schaft einer Mittelsäule in einer vierteiligen Arkadenöffnung im Südflügel sind zwei hochformatige Reliefs eingearbeitet. Auf der Grundkante des rechten sitzt Orpheus und schlägt hingebungsvoll die Leier. Den Kopf bedeckt eine sogenannte phrygische Mütze. Nach vorchristlich-antiker Vorstellung war dieser sagenhafte thrakische Sänger mit der Gabe ausgestattet, selbst hartnäckig widerstrebende Wesen an sich zu locken. Gelegentlich bediente sich das frühe Christentum dieser Gestalt, um von Ferne auf Christus
zu weisen. Das bekannteste Beispiel hierfür bietet die 44

Calixtus-Katakombe an der Via Appia. Vermutlich stützt sich die Gedankenverbindung auf die ars poetica des Horaz (391–393). Mit zunehmendem Erstarken des Christentums wandelte sich das Orpheus-Bild und wurde, wie hier, zur Allegorie des verführenden Bösen. Eindeutig bekundet dies der kampfgestimmte, grimmige Bär im oberen Teil des Reliefs. Die Darstellung daneben zeigt einen Mann, dessen Profil nach rechts gewendet ist und der einen birnenförmigen Gegenstand hält. Wenn man davon ausgeht, daß beide Bilder zusammengehören und sich ergänzen sollen, dann könnte der Unbekannte das drohende Gesicht des Bösen hervorkehren. Der 52. Psalm kündet vom Ende des Gewalttätigen. Hier wird Doeg genannt (1. Samuel 22). Möglich auch, daß Vergil, der Dichter der Lieder vom Landbau, gemeint ist. In der denkwürdigen 3. Ekloge finden wir den Vers: »Meine Lieder wird nicht übertreffen Linus noch Orpheus . . .« – Ein selten reich gestaltetes Werk besitzt Berchtesgaden im abgebildeten Weihwassergefäß, ein Bronzeguß aus dem späten 12. Jahrhundert. Die Höhe beträgt 15,3 cm, der obere Durchmesser 15 cm, der untere 12,2 cm. Die Eimerform ist heute allzu vertraut und kann eigentlich nur noch banale Gedanken wecken. Man wird unterstellen dürfen, daß der Geometrie dieses Gefäßes eine ähnliche Idee zugrunde liegt wie bei den formverwandten Schalensteinen. Der Mantel ist durch ein umlaufendes Band geteilt. Im oberen, in dreizehn Rundbogen unterteilten Streifen ist die Majestas Domini dargestellt, umgeben von Aposteln. Christus thront als Herr der Christenheit. Seine Linke hält das Buch, die Rechte ist zur Segensgeste erhoben, wobei Daumen und vierter Finger eine Brücke bilden. Möglicherweise ist mit den beiden Blüten die Anemone oder Margerite gemeint, die in der christlichen Symbolsprache Tränen und opfernd vergossenes Blut versinnbildlichen. Dieser Bildtyp, dessen Begründung in der Vision des Hesekiel (Ezechiel) und in der Offenbarung des Johannes liegt, ist hier ganz offensichtlich auf den »ewigen König« des 93. Psalms bezogen. Auf der unteren Zone sind vier Männer zu sehen, die Gefäße halten, aus denen Wasser quillt: Die Verkörpe-

*Berchtesgaden, Weihwassergefä[ß] der Stiftskirche (12. Jh.)*

*IV. Umschlagseite: Berchtesgaden, trauernde Maria am Weihwassergefäß der Stiftskirche (12. Jh.)*

rung der Paradiesströme, die im Garten Eden entspringen und lebenspendend in die Weltgegenden fließen. Rätselhaft sind die beiden Männer unter dem Christusbild. Sie sitzen wie schaukelnd auf einer Gabel, die einem Pflock aufgesetzt ist, und halten einen Gegenstand hoch, der durch ein Tuch verhüllt wird. Der rechte wirkt jugendlich, der linke bejahrt. Allein geben sie so gut wie keine Hinweise zur Aufhellung ihrer Bedeutung. Ziehen wir also die Nachbarschaft zu Rate: Die Paradiesströme weisen ins Alte Testament. Unverkennbar ist der Bezug zur Majestas Domini. So bleibt als Erklärung, wenn man die Forderungen der Typologie mit berücksichtigt, nur der Schluß des 4. Kapitels im ersten Buch Mose. Das Bild Christi strahlt also nicht nur in die Waagrechte (Zwölfboten, Neues Testament), es wurzelt auch tief in der Senkrechte (Altes Testament). Mit Seth und Enos sind zugleich alle alttestamentarischen Hinweise auf Christus gemeint. Waagrechte und Senkrechte bilden den griechischen Buchstaben Tau, das Zeichen des Bekennens und des Glaubens an die Dreieinigkeit. Es wird gerne als Kompositionsfigur verwendet und ist oft unauffällig in Gewändern untergebracht, wie etwa am Schurz des Baierbacher Kruzifixes. Mit dem rückseitigen Relief rundet sich das Bildprogramm. Ein sitzender Engel wendet sich der ihm gegenüberstehenden trauernden Gottesmutter zu. Das beigegebene Buch, eines der wichtigsten Marienattribute, will sagen: Durch diese Frau kommt das Wort in die Welt. Offenbar ist die Szene am leeren Grab Christi gemeint. Ein stehender Engel weist sinnreich auf Seth und Enos. In seiner beseligenden, schauern machenden, alles Nebensächliche überstrahlenden Wahrhaftigkeit spricht dieses erhebende Werk unmittelbar zur Seele. Jede schöpferische Tat, gleich, ob es sich um einen Dombau oder um eine scheinbar am Rande liegende Ausschmückung handelt, ist geprägt von tiefem Ernst und von aufzehrender geistiger Hingabe. In allem ist die Gegenwart des Himmelreiches zu ahnen, in allem spüren wir, daß das Gebet dieser Zeit ein Gutteil Schauen war. Die naturfern-abstrakten, gereinigten Bilder des Diesseits sind durchscheinend für Seelisches, Jenseitiges.